T0065186

Los Orishas

Los Orishas

Lola La Mentalista

Archway Publishing books may be ordered
through booksellers or by contacting:

Archway Publishing
1663 Liberty Drive
Bloomington, IN 47403
www.archwaypublishing.com
844-669-3957

ISBN: 978-1-6657-5350-0 (sc)
ISBN: 978-1-6657-5351-7 (e)

Library of Congress Control Number: 2023922264

Print information available on the last page.

Archway Publishing rev. date: 11/20/2023

Se cree que la Fe en los Orishas se desarrolló en torno a 500 y 300 A.C. Según las creencias Yoruba, Olodumare es demasiado inmenso para que lo pueda comprender la mente humana. Los Yorubas pudieron continuar practicando su religión convirtiéndose al Catolicismo solo de nombre. Olodumare es demasiado inmenso para que lo pueda comprender la mente humana, por lo que este manifestó diferentes aspectos de sí mismo. Olodumare arrojó los poderes de dominio al aire, y cada Orisha sería responsable del Poder o Esfera de influencia que atrapara. Hoy en día, la gente invoca a los Orishas en rituales individuales o comunes en busca de Fuerza Espiritual, iluminación o ayuda en los desafíos diarios. Los Orishas viajaron a América y el Caribe muchos Yorubas fueron esclavizados. Actualmente, la adoración de los Orishas se practica por todo el mundo. Olodumare se encargo de crear atravez del Orisha Oduduwa el pueblo Yoruba y estableció la vida en la ciudad así como el concepto de la identidad cultural. Hay muchos Orishas pero hay siete que se entienden como los más Poderosos. Entre los Creyentes Modernos. Olodumare no es ni Masculino ni Femenina, y no es un Orisha es referido como un Dios que creó el Universo y es el propio Universo. Ayudando a los Creyentes de lejitos porque se cree que el vive en la ultima parte del Cielo. Dios poderoso que siempre está presente en todo. Ayudando a la gente de la tierra. La primera Orisha mujer que fue creada es Yemayá: la Madre de toda el Agua, la Madre Tierra Divina, Protectora de las Mujeres. Madre Universal. Seguida por Obatala: Dios Celeste de la Creación, Protector de los débiles y los inválidos, Protector de la Pureza. Ochun es la proxima, Ochun: Es la Diosa del Agua Dulce, la Fertilidad y el Amor. Orisha Shango: Dios de los Truenos y los Relámpagos, el Fuego, la Virilidad, la Guerra y los cimientos. Fue esposo de Ochun. Esta, Oya: Diosa de la transformación y el renacimiento, la tercera esposa de Shango pues la segunda fue Ochun y la primera Obba. El Orisha Shango es muy picaro, muy flamboyante. Oggun: Dios de la Metalurgia, la Fuerza, la Transformación y la Curación y por ultimo entre los Siete es Esu el mensajero de Dios que ayuda a transformar la Oscuridad a Luz. Todos son figuras transformadoras en mayor o menor medidañero pero como todo ser humano no son perfectos. Tienen sus Virtudes y Defectos. Ellos se representan intentando hacer lo que se espera de ellos. Por eso se dice "Pedid y se os Dara". El que pide con Fe y Cree en nosotros verá lo pedido hecho siempre y cuando sea para el bien tuyo o de la Humanidad. Segun los Orishas cada ser humano nace con un propósito, un fin y un destino de vida. Los Orishas son los encargados de arreglarlo. Son el tope del pirámide porque hay distintos niveles. Seguido por los Babalawos, Santeros Olorishas, Paleros y Consultores Espirituales. Cada cual tiene su don, su trabajo, su Ashe.

El Babalawo o Babalao es el Sacerdote de la Religión Yoruba, con gran conocimiento de la Religión. Actúa como intermediario entre los Orishas y los hombres y como adivino, por lo que se le consulta cuando hay problemas y cuando hay que tomar decisiones importantes en la vida. Los Santeros u Olorishas son los que trabajan haciendo consultas con Caracoles o Cocos a su prenda o muerto. Se acude a ellos para hacer limpieza personal y abrirse los caminos, también para quitarse daños que otros les han echado o han recogido accidentalmente. Los llamados "Paleros" son Poderosos Sacerdotes de otra religión parecida, pero diferente a la Santería, llamada Palo Mayombe. Se dedican a la Magia y Adivinación. Los Espiritistas o Consultores Espirituales es otra Religión basada en la comunicación con las Entidades y los Espíritus y se trabaja frente a altares usando Tabacos, Bebidas Espirituosas, Velas, Cordones, Amuletos, etc. Solo hacen limpiezas, curan y abren caminos. En la Religión Yoruba el culto a los antepasados (Eggun) juega un papel importante, afirmando que cuando una persona muere, su alma entra en el Reino de los Antepasados desde donde, estos continúan teniendo influencia sobre la tierra cada individuo tiene un Angel de la Guarda al cual se asocian uno o varios Orishas. Es por eso que es común escuchar por ejemplo, que una persona es hijo de Shangó y de Yemayá etc. En nuestra Religion Yoruba un Orisha nos escoge ante de uno Nacer para Protegernos.

Como se determina el Angel de la Guarda de una Persona?

Esta pregunta es una de las mas comunes que se hacen dentro de la religion Yoruba. En algun momento cuando nos iniciamos en la Religión nos adentramos en el Mundo Ancestral de los Orishas y nos Queremos Sentir Protegidos y es ahi donde entra la curiosidad de quien guia nuestra cabeza. No se determina atraves de un examen, es determinado por una consulta con Caracoles o atraves de un Babalao mediante una Ceremonia. El conocimiento debe de derigir la Ceremonia porque hay que definir el Angel de la Guarda correcto un error y la vida se complica a quien lo esta recibiendo. Puede traer grande problemas en el Cuerpo y la Mente y no es un error que se pueda arreglar. Hay que tener mucho cuidado. Recuerda que todo los Orishas brindan Salud y Bienestar. Sin importar quien sea tu Angel de la Guarda debes aceptarlo con todo el amor y respecto pues tu Angel te Protege de Todo Peligro. Ya conociendo tu angel puedes usar la Meditación como una práctica útil para calmar tu Mente y Abrirte a la Energía de tu Angel de la Guarda. Los Ángeles de la Guarda son un grupo de Orishas considerados como Defensores y Protección Divina para los Seres Humanos. Existen Siete Angeles de la Guarda: Yemayá, Oshún, Obatalá, Oyá, Oggún, Elegua, Shango y Cada uno de ellos tiene un color Asociado, el cual depende de su Personalidad y el Amor y Energía que corresponda. Yemaya Madre del Agua del Mar. Yemayá tiene una Energía Feroz, Nutritiva y Gentil a menudo Asociada con la Luna y la Hechicería. Como "Madre de Todos", Día de la Semana es Sábado y sus colores son Azules y Blancos. Siempre escuchará y ofrecerá Amor Materno a cualquiera que necesite una Madre. Ella es conocida por traer Paz, Nuevo Amor, Prosperidad, Alegría, y Felicidad: Oshun está Asociado con la Alegría de Vivir. Sus colores están relacionados con el Amarillo, como el Dorado, y el Ambar. Obatala está estrechamente Asociado con el color Blanco. Este color representa Pureza, Claridad y Paz. Obatalá Encarna la Tranquilidad y la Serenidad, lo que lo convierte en un Faro de Paz para quienes buscan consuelo en medio del caos o el conflicto.

Los Babalawos llevan a cabo una Ceremonia. El Babalawo es el Sacerdote de la Religión. El que es también conocido como Padre del Secreto, es el Sacerdote Yoruba que es iniciado en los Misterios de Orúnmila, Deidad de la Adivinación.

El Babalawo actúa como un mediador entre los Orishas y los Hombres, así como un Adivino por lo que las personas acuden a él para consultarse cuando hay algún tipo de problemas o cuando necesitan tomar alguna decisión importante en sus vidas.

Los Babalawos llevan a cabo una ceremonia para poder bajar el Angel de la Guarda que te corresponde. Durante la Ceremonia de Mano de Orula, se comunica a la persona un signo o Oddu que lo representará a partir de ese momento y se le da un nombre en la Religión. Uno de los Grandes Beneficios que Aporta esta Ceremonia es que al final de la misma la persona recibe un Itá. El Itá cuenta el camino de la persona (Presente, Pasado y Futuro) así como su Destino. La Ceremonia de Mano de Orula dura tres días y es ahi donde conoces tu Angel de la Guarda. El Orisha que te Cuida y Proteje. Ahora bien, en esta Fe, en la Religion Afrocubana llamada "Santería», el Angel de la Guarda al que nos referimos no es lo mismo que el Guia y Protector Espiritual.

Entendámoslo asi:

Nuestro Angel de la Guarda es un Orisha o Santo: Obatalá, Yemayá, Shangó, Oshún, Oyá, Elegúa etc.

Nuestros Guia y Protector es un Espíritu de un Ser de Luz, que antes llevó carne en su cuerpo, murió y ahora es quien nos acompaña como Espíritu. Nuestro Guia Espiritual quien además nos pasa su conocimiento a este plano terrenal, por ello si usted es Hijo de Yemayá, el Orisha

Yemayá es quien le harán en su cabeza, es a quien le Coronarán. Es decir, cuando le hagan "Santo», ó le Coronen su Angel de la Guarda, es el Santo de quien Usted, salio Hijo (a), cuando le determinaron el Angel de la Guarda.

Cualquier persona puede recibir algún Santo por cuestiones de Salud Fundamentalmente, pero sólo será Santero el día que Corone su Angel de la Guarda por eso es importante conocer su Angel de la Guarda. Los Santos se reciben a través de Determinados Rituales o Ceremonias que solamente realizan los Santeros o Santeros Mayores, y su proceso no se puede Divulgar. El proceso de iniciación es largo, complicado y costoso. Consta de varias fases y varia según el Orisha. Primero hay que determinar cuál de los Orishas corresponde a la persona que busca ayuda. Por medio de la Adivinación se determina esto y un Santero, ya iniciado, puede hacer esto o para más certeza un Sacerdote (Babalawo). Empieza con el recibimiento de los Collares y termina con el "Asiento". La ceremonia de imposición de Cinco Collares de diversos colores correspondientes a Cinco Orishas consta el primer paso. Los preparativos para la iniciación incluyen un baño especial y el vestirse de ropa Blanca como símbolo de una Nueva Vida. A veces las aguas del baño de Purificación Simbolizan el líquido Amniótico en el cual se encuentra una Criatura antes de Nacer. En la iniciación se le asigna formalmente a un Orisha que también se identifica como el "Angel de la Guarda", que designa al Dios Protector y Cuidador del Iniciado. Incluye Ceremonia de Sacrificios de

Animales, una Adivinación en cuanto al futuro del iniciado y un año de obediencia a ciertas Tabúes y Restricciones. Durante este primer año es necesario obedecer a ciertas prohibiciones sobre el vestido, las relaciones sexuales, la comida y la vida diaria durante todo este tiempo.

Esta iniciación es solamente la primera de una serie de Ceremonias que le lleva a comprometerse más con los Orishas, pues esta relación con los Orishas puede extenderse o incluir a varios. Así cobra valor las Ceremonias Adivinatorias, pues por medio de ellas se recibe valiosos consejos que les permiten a que ese destino sea lo menos honroso o a que sea mucho mejor por tenermenos problemas y recibir los Mayores Beneficios Posibles. Para ayudar en estas situaciones, la Adivinación juega un papel crucial, porque las influencias negativas pueden ser corregidas o mejoradas cuando se descubre el porqué y el origen de ellas al obedecer las instrucciones señaladas por la Adivinación. Así que no sólo descubre las Razones Espirituales para los innumerables problemas y situaciones difíciles de la vida ordinaria, tales como la Salud, el Amor y el Dinero, sino se informa la manera de resolverlos. Además las experiencias de los Orishas en la Mitología ofrece modelos de acción de la cual se saca provecho.

A algunas personas se les realiza el Santo Lavado, que es solo un día y no requiere un año de iniciación. La Coronación del Santo en el día del medio se convierte en toda una Fiesta, con Tambores y gran cantidad de comida. Los Familiares y Amigos pueden asistir a esta

Ceremonia y se Adornan y Visten los Santos con Hermosas Telas, Velas e Instrumentos.

Así que si ve a alguna persona vestida de Blanco completamente, con los collares que representan a su Santo, estará en presencia de un Iyawo que está pasando un año de prueba para hacerse Santero. Es un proceso largo, en una Religión muy Simbólica y Representativa. Cada color representa algún Santo, cada herramienta se asocia a ellos, desde Piedras hasta Hierbas de todo tipo.

Entonces, detrás de toda la vestimenta hay mucha historia, muchos Cultos y Ceremonias, pero sobre todo, Mucha Fe.

Por otra parte, al cumplirse determinado tiempo, el Iyawó está obligado a Renovar su Depuración, para lo cual se realizan "Ebbós", Ritos de Limpieza Espiritual, muy Especiales, uno de ellos se hace a la orilla de un río.

Al finalizar el año, el Iyawó, con su Santo Coronado correctamente, se convierte en un Babalosha o Iyalosha, según su sexo, y puede recibir nuevos poderes de la Santería Cubana.

Addimu, ofrendas a los Orishas

Yemayá se le puede brindar Quimbombó con bolas de Plátano Verde o Name; Frijoles Negros Cocinados sin Caldo y Sin Maíz, Palanquetas de Gofio con Melado, Coco Quemado, cuatro Pescados enteros en un plato Blanco con rayas Azules, Melado, Corojo, Cascarilla, Berro, Lechuga, Acelga y Chayote. Su fruta preferida es el Melón de Agua, pero también se le pueda dar Piñas, Papayas, Uvas, Manzanas Plátanos y Naranjas de los peces prefiere la Guabina, la Anguila y el Pargo. Changó: Plátano Indio, Harina y Quimbombó; Amalá hecha con Harina de Maíz y Carnero. Oshún: Palanquetas de Gofio con Miel, Melado y Caramelos, Naranjas, Dulces de China, Lechuga, Escarola, Acelga, Chayote, Tamal, Arroz Amarillo, y Harina de Maíz; alegrías de Coco y todo tipo de Dulces. Orula: Chiva, Gallina Negra, Paloma y Venado.

Obatalá: Arroz Blanco, torre de merengue adornada con Grageas Plateadas, Natilla de Leche, cuatro litro de Leche en taza sobre platos Blancos, Arroz con Leche en ocho platos Blancos, Calabazas Blancas, Champola, frutas que se sientan granulosas o arenosas al paladar.

También se le puede ofrecer Maíz y Alpiste. En general cualquier comida Blanca y sin Sal.

Oggún: Name asado. Su bebida favorita es Aguardiente de Caña. Elegguá: Aguardiente, Maíz tostado, Coco, Pescado Ahumado, Bollitos, Jutía Ahumada, Manteca de Corojo, Dulces de todos tipos, Caramelo. Junto a esto se realiza un Altar improvisado en el que se colocan frutas, otras Ofrendas, así como recipientes que contienen Miel, Dendé, Amasi (jugo de Hierbas Maceradas, Mezclado con Miel y Bebidas) y otras Golosinas.

Los Días de la Semana y los Orishas que los Rigen;

Lunes; Elegguá, Dia de Nuevos Comienzos y Abrir Caminos. Martes; Oggún. Día de la Guerra.

Miércoles; Changó. Dia de Vencer Obstáculos.

Jueves; Olofi y Obbatalá. Los Reyes se Reunen.

Viernes; Oyá, Día de Pagar Castigos.

Sabado; Ochún. Día de Enamorar.

Domingo; Yemayá. Día de los Acuerdos y las Solicitudes.

Los Orishas através de la Astrología podemos conocer la compatibilidad con la pareja, o con otras personas relacionadas a nosotros. Si combinamos los Astros con los Orishas que nos rigen, podemos disponer de una forma de saber con quién nos entendemos mejor, y como se manifiesta la afinidad en nuestras relaciones.

OGGÚN

Son personas trabajadoras, emprendedoras, dinámicas, con mucha fuerza y vitalidad pero también intolerancia. Son líderes por naturaleza, que saben aprovechar las oportunidades para ganar batallas y crecer a todos niveles.

ELEGUA

El mensajero del culto. Muy veloz y quien suele ser el primero en irse y el último en salir. Buscan siempre la verdad, la honestidad y la comunicación entre los seres humanos.

OSHUN

Son simpáticos y alegres, tienen un gran deseo de ascensión social, les gusta mandar, son de llevar los chismes, son curiosos, son sensuales, les encantan las joyas, la ropa y los buenos perfumes. Muchas veces temen chocar con la opinión pública a la que le prestan demasiada importancia. Aman los dulces por eso tienden a ser gorditos o de cara rellena.

CHANGÓ

Son personas muy fuertes y apasionadas con gran determinación, pero también sin importar a quién derriben, por lo que pueden pecar de tiranos, frívolos, irrespetuosos y prepotentes. Son trabajadoras y son capaces de llevar hasta las últimas consecuencias, sus ideales, aunque ello implique enfrentarse con los demás.

YEMAYÁ

Son voluntariosos, fuertes y rigurosos. En ocasiones son impetuosos arrogantes y maternales o paternales, de carácter cambiante como el mar, por momentos calmos y por momentos bravos. Les gusta poner a prueba a sus amistades, se recienten de las ofensas y nunca las olvidan, aunque las perdonen. Aman el lujo y la magnificencia. Son justos pero un poco formales y tienen un alto grado de autoestima.

OBBTALÁ

Son poseedores de gran voluntad, por lo que a veces son considerados como personas tercas. Son introvertidos, reservados y tranquilos. No suelen arrepentirse de las decisiones que toman.

ORULA

Personas tranquilas, sabias, desprendidas y generosas. Guías espirituales por excelencia, con una especial intuición. Por su carácter espiritual y pacifico tienden a buscar el sosiego y crecimiento interior.

La medicina Yoruba y sus Raices.

La medicina Yoruba tiene sus raíces en el culto Delfá, un texto Religioso revelado por el profetamístico, Orunmila, hace más de 4.000 años en la antigua ciudad de Llé, en Yorubaland. El pueblo Yoruba inició su emigración desde el Valle de Nilo, hace más de 4.000 años, llevaron consigo la ciencia Medica Egipcia, sus conocimientos herbarios y fueron incorporando su propio ideario Religioso y sus hábitos culturales. De un punto de vista conceptual, Yoruba Es una Religión, una

Filosofía, y una Ciencia, Así, los practicantes del sistema de la Religión, buscan el Equilibrio entre la Salud corporal, Espiritual, realidad inmortal y su relacion con Dios el ser Supremo. Esto se logra a través de hierbas, baños espirituales, una vida recta, dieta, y la realización de determinados rituales. Por esto, Yoruba es un viaje interior que abarca todos los aspectos de la vida.

Yemaya Madre de Todos

Yemayá es la Madre de todos los seres vivos, la Reina del Amor por excelencia, la dueña de los Siete Mares. Cuida también de las Aguas para cumplir su pacto con Ochún. Su número es el 7 y se sincretiza con la Virgen de Regla del Santoral Católico. Encarna la figura de ser la Virgen de los Navegantes, la Protectora del hogar, la Diosa de la Fertilidad o la Madre de los peces. Protege a sus Hijos (fieles) de todo tipo de afecciones relacionadas con el vientre que impliquen enfermedad o muerte a través del Agua, la Lluvia o la humedad, pero su Protección no es gratuita, por supuesto. El día 02 de Febrero se realiza la fiesta de Yemayá, Diosa Africana de la Santería Yoruba y su día de la semana es Sábado y sus colores son Azules y Blancos. Siempre escuchará y ofrecerá amor materno a cualquiera que necesite una Madre. El color favorito de Yemayá es el Azul. Ella Gobierna los Océanos y todas las Criaturas Marinas, que le encanta comer. También le gusta la Sandía, los Chips de Plátano, los Chicharrones, las Piñas, el Jarabe de Caña de Azúcar y los Patos.

Oshún es una Orisha que figura como Osha de cabecera se le reconoce como la Reina de las Aguas Dulces, los Manantiales, Arroyos y Ríos; y como la personificación del Amor, lo Religioso y lo Femenino. Sus Padres, quienes fueron Yemayá y Obatalá cuenta con la protección de Eleguá, pues ambos Orishas tienen una íntima y estrecha amistad. Oshún es la Orisha más querida por todos los Elementos y los Seres Vivientes. Respecto a su manera de ser, Oshún suele ser una Orisha muy alegre, dulce y capáz de mostrar constantemente una sonrisa. Sin embargo, también puede llegar a mostrarse triste, llena de sufrimiento e implacable debido a su rigurosidad en lo relacionado a la Espiritualidad. Los principales atributos de Oshún son un Sol, una mano de caracoles, espejos, peines, aros y 5 adanes (manillas). También, figuran como atributos los peces, abanicos, abanicos de sándalo, entre otros. Numero que la representa es el Cinco. Su color Amarillo. Dia de la semana Sabado.

Oya Orisha Dueña de las Centellas

Oya tambien reconocida como Yansa. Yansa es la encargada de custodiar la puerta de los cementerios. Oyá la Orisha dueña de las centellas, los remolinos, el viento y los huracanes. Esto, porque ella es la encargada de estos fenómenos al controlar el aire, incluso aquel que respiramos. Los alimentos favoritos son el caimito, caimitillo, plantas de croto, el arroz blanco con berenjenas y el tamarindo y chocolate. Sus colores son nueve menos el Negro pero el principal es el Violeta. Su dia de la semana es Viernes y el numero que la reprensenta es el numero 9.

Obatala Creador de la Tierra

Obatalá es el Creador de la Tierra, dueño de la inteligencia, los pensamientos, los sueños humanos y de todo lo blanco. Es a él a quien se atribuye al origen de la mayoría de los Dioses Africanos y de todo lo que hay en el planeta. Es pues, la deidad por excelencia. Obatala es una de las deidades de la Religión Yoruba. En la Santería sincretiza con la Virgen de las Mercedes, Patrona de Barcelona. También es llamado Oxalá u Ochalá. Su dia se celebra el 24 de Septiembre. Sus frutas son las que se sientan granulosas o arenosas al paladar como el anón, la guanábana, la granada, el zapote, maíz, arroz, alpiste y otros granos. Babosas y caracoles, bolas de malanga y ñame, de manteca de cacao y cascarilla y en general cualquier comida blanca y sin sal. A Obatalá se le solicitan peticiones de salud. Jazmín es la flor predilecta de Obatalá.

Eleguá el Gran Guerrero

Eleguá es una de las divinidades de la Religión Yoruba, tradicionalmente asociada con la esperanza, la alegría y la prosperidad. Orisha Elegua es una de las divinidades más importantes dentro de la cultura Yorùbá. Sin él nada puede ser realizado, puesto que es el intermediario entre Dios y las deidades. Es, además, el que abre y cierra los caminos del destino. Eleguá es el gran Guerrero del Pateón Yoruba en la Regla de Osha. Posee el poder de marcar el inicio y el final de los caminos. Es dueño y señor del destino de sus devotos, pues es él quien decide sobre la vida de estos a su manera. Eleguá es conocido como el Dueño de los Caminos y las encrucijadas. y se le asocia con la comunicación, los viajes, los cambios y las oportunidades. Los fieles creyentes de este Orisha creen que es el que ayuda a las personas a encontrar el camino correcto en la vida y les da el saber para tomar las mejores decisiones. Se le considera un Orisha muy Poderoso y se dice que tiene el control sobre el destino de las personas. Se cree que el Eleguá puede ayudar a las personas a tener Exito en la vida, así como también puede protegerlas de las enfermedades y el mal. Su Dia es el 13 de Junio. Dueño de 21 caminos. Sus colores Rojo y Negro.

Oggún es el Dios del Hierro y las Herramientas

Oggún es el Dios del hierro y las herramientas, y se le asocia con la Creación de Herramientas de Metal y la Tecnología. Su tarea principal es cortar troncos y malezas con su machete para abrirle paso a los demás Orishas cuando descienden a la Tierra. Por medio de la naturaleza, este Orisha está representado por el Hierro, así como todos los Metales, por lo que es considerado el Dueño de las Herramientas y de las Cadenas. Hijo de Yemayá y Obatalá, y Hermano de Changó, Ochosi y Elegguá. El le gusta dominar, es un poco rebelde. Vive su propio Mundo sin mirar a quien. Entre las comidas que Oggún prefiere se encuentran el ñame asado, las judías blancas y las nueces de kola, y tiene un gran gusto por el aguardiente de caña. Un Orisha que es identificado con los números 3, 7 y sus múltiples, y al que suelen gustarle los colores como el Verde, Negro, Blanco y Rojo; a él se le dedican los Días Jueves. Oggun es Homenajeado el Día Vientetres de Abril. El tiene una gran representación ya que puede ser tanto cazador solitario como recolector. Este gran Orisha es considerado como un buen Protector para las entradas de las casas. Colores: Verde, Morado y Negro. Su día de la Semana es Lunes.

Olodumare Padre de la Vida y los Orisha

Olodumare "Señor al que va Nuestro Eterno Destino".

En la Religión Yoruba representa al Dios Supremo, Padre de la Vida y de los Orishas. En el panteón

Yoruba es una Divinidad Omnipotente, su gran Poder todo lo puede.

Es el Universo con todos sus elementos, es la manifestación Material y Espiritual de todo lo que existe. Su nombre en lengua Yoruba significa: "Señor al que Va Nuestro Eterno Destino". El Dios Supremo: Es superior a todo Orisha, no tiene Otá (piedra) y su nombre no debe pronunciarse sin antes tocar la Tierra con la yema de los dedos y besar en ellas la huella del polvo. Está en todas partes, en nuestro día a día, en la sabiduría de Olofin, en la Benevolencia de nuestros Orishas y en Eshú, porque tanto el bien como el mal forman un todo en Olodumare.

La Oración Nos Conecta con Olodumare:

Tan grande es, que no se asienta, no se le ofrenda, ni se le pide nada directamente. Hacia él nos dirigimos por medio de Olofin y esto trae consigo una inteligencia tácita de las cosas y estar sujeto a las leyes. No tiene día de celebración, hijos escogidos, refranes, patakí, collares ni Ebbó. No se le asocia con rituales, ni se le realizan ofrendas, sacrificios o adoraciones directamente, pero se le puede invocar mediante la oración, ya que Rezar conecta las Energías Superiores con Nuestra Alma.

Orar es la forma más sagrada y pura de invocarlo, rezando y sacando de nuestro interior todo aquello que nos perturbe, entregarse a él y dar gracias cada día por su bendición infinita.

Olodumare: La Pureza y lo Divino entre los Yorubas

Según la tradición Yoruba, todo lo dejan en manos de Dios (Olodumare) al terminar el día, confiando en su gran bendición. Se manifiesta como el conocimiento, el destino y las fuerzas del Universo. Para los Yorubas el Mundo es un güiro donde la mitad inferior es la Tierra y la Superior es el Cielo, esto quiere decir que dentro del güiro está todo: Olodumare.

Maferefun se nombra Todo aquello que uno pide o la gracia Bendición, Alabanza, Respeto y Agradecimiento a los Orishas y a ti por leer y aprender de esta gran religión.

-Maferefun-

About the Author

Lola La Mentalista Astrologa, Parapsicología, Personalidad de Radio y Autora. Nacida en Heidelberg, West Germany. Ha estado leyendo oráculos durante casi 30 años profesionalmente. Ha brindado guía espiritual a quienes la necesitan en todo el mundo. Es licenciada en Astrolgia, Parapsicología y Geometría Sagrada y tiene su propio negocio de consultoría.

Printed in the United States
by Baker & Taylor Publisher Services